《中华人民共和国安全生产法》知识手册

北京注安注册安全工程师安全科学研究院　组织编写

井延海　主编

中国劳动社会保障出版社

图书在版编目(CIP)数据

《中华人民共和国安全生产法》知识手册/井延海主编. -- 北京：中国劳动社会保障出版社，2022

ISBN 978-7-5167-5242-5

Ⅰ.①中… Ⅱ.①井… Ⅲ.①安全生产法-中国-手册 Ⅳ.①D922.54-62

中国版本图书馆 CIP 数据核字(2022)第 004648 号

中国劳动社会保障出版社出版发行

(北京市惠新东街 1 号　邮政编码：100029)

*

北京市艺辉印刷有限公司印刷装订　新华书店经销

880 毫米×1230 毫米　32 开本　3.125 印张　68 千字

2022 年 2 月第 1 版　2022 年 2 月第 1 次印刷

定价：10.00 元

读者服务部电话：(010) 64929211/84209101/64921644

营销中心电话：(010) 64962347

出版社网址：http://www.class.com.cn

内容简介

为了宣传贯彻2021年最新修正的《中华人民共和国安全生产法》，本书对新法的法条提取要点主旨，并附知识解读拓展相关内容，以方便读者快速学习并掌握与本职工作有关的安全生产法知识内容。本书内容主要包括总则、生产经营单位的安全生产保障、从业人员的安全生产权利义务、安全生产的监督管理、生产安全事故的应急救援与调查处理、法律责任、附则。

中华人民共和国主席令
第八十八号

《全国人民代表大会常务委员会关于修改〈中华人民共和国安全生产法〉的决定》已由中华人民共和国第十三届全国人民代表大会常务委员会第二十九次会议于 2021 年 6 月 10 日通过，现予公布，自 2021 年 9 月 1 日起施行。

中华人民共和国主席　习近平

2021 年 6 月 10 日

目　录

第一章　总　则

第一条　为了加强安全生产工作，防止和减少生产安全事故，保障人民群众生命和财产安全，促进经济社会持续健康发展，制定本法。

【条文主旨】

本条是关于《中华人民共和国安全生产法》（以下简称《安全生产法》）立法宗旨的规定。

【知识链接】

安全生产是指在生产经营活动中，为了避免造成人员伤害和财产损失的事故而采取相应的事故预防和控制措施，使生产过程在符合规定的条件下进行，通过人、机、物、环境和管理的和谐运作，来保障从业人员的人身安全与健康，设备和设施免受损坏，环境免遭破坏，保证生产经营活动得以顺利进行的相关活动。

生产安全事故是指生产经营单位在生产经营活动中突然发生的，伤害人身安全和健康，或者损坏设备设施，或者造成经济损失的，导致原生产经营活动暂时中止或永远终止的意外事件。

第二条　在中华人民共和国领域内从事生产经营活动的单位（以下统称生产经营单位）的安全生产，适用本法；有关法律、行政法规对消防安全和道路交通安全、铁路交通安全、水上交通安全、民用航空安全以及核与辐射安全、特种设备安全另有规定的，适用其规定。

【条文主旨】

本条是关于《安全生产法》适用范围的规定。

【知识链接】

中华人民共和国领域内，除包括陆、海、空境内所有空间之外，还包括我国的船舶、飞行器或其他航空器等延伸领域，此外还包括我国驻外使领馆。

第三条 安全生产工作应当坚持中国共产党的领导。

安全生产工作应当以人为本，坚持人民至上、生命至上，把保护人民生命安全摆在首位，树牢安全发展理念，坚持安全第一、预防为主、综合治理的方针，从源头上防范化解重大安全风险。

安全生产工作实行管行业必须管安全、管业务必须管安全、管生产经营必须管安全，强化和落实生产经营单位主体责任与政府监管责任，建立生产经营单位负责、职工参与、政府监管、行业自律和社会监督的机制。

【条文主旨】

本条是关于安全生产工作方针和工作机制的规定。

【知识链接】

安全生产工作方针是安全第一、预防为主、综合治理。

安全生产工作机制是安全生产工作坚持中国共产党的领导，

实行管行业必须管安全、管业务必须管安全、管生产经营必须管安全。

安全生产主体责任是指生产经营单位在生产经营活动全过程中履行义务、承担责任，并依法接受未尽责的追究。

第四条　生产经营单位必须遵守本法和其他有关安全生产的法律、法规，加强安全生产管理，建立健全全员安全生产责任制和安全生产规章制度，加大对安全生产资金、物资、技术、人员的投入保障力度，改善安全生产条件，加强安全生产标准化、信息化建设，构建安全风险分级管控和隐患排查治理双重预防机制，健全风险防范化解机制，提高安全生产水平，确保安全生产。

平台经济等新兴行业、领域的生产经营单位应当根据本行业、领域的特点，建立健全并落实全员安全生产责任制，加强从业人员安全生产教育和培训，履行本法和其他法律、法规规定的有关安全生产义务。

【条文主旨】

本条是关于安全生产保障机制的规定。

【知识链接】

安全生产标准化是指通过建立安全生产责任制，制定安全生产管理制度和操作规程，排查治理隐患和监控重大危险源，建立预防机制，规范生产行为，使各生产环节符合有关安全生产法律、法规、标准和规范的要求，人、机、物、环境和管理处于良好的生产状态，并持续改进，不断加强生产经营单位安全生产规范化建设。

第五条 生产经营单位的主要负责人是本单位安全生产第一责任人，对本单位的安全生产工作全面负责。其他负责人对职责范围内的安全生产工作负责。

【条文主旨】

本条是关于生产经营单位负责人安全生产责任的规定。

【知识链接】

生产经营单位主要负责人是指在生产经营单位中起决策作用的领导人，包括有限责任公司或者股份有限公司的董事长、总经理，其他生产经营单位的厂长、经理、局长、矿长（含实际控制人）等。

第六条 生产经营单位的从业人员有依法获得安全生产保障的权利，并应当依法履行安全生产方面的义务。

【条文主旨】

本条是关于从业人员安全生产权利义务的规定。

【知识链接】

从业人员是指在生产经营单位从事生产经营活动各项工作的所有人员，包括管理人员、技术人员和各岗位的职工，也包括生产经营单位临时聘用的人员和被派遣劳动者。

第七条 工会依法对安全生产工作进行监督。

生产经营单位的工会依法组织职工参加本单位安全生产工作

的民主管理和民主监督，维护职工在安全生产方面的合法权益。生产经营单位制定或者修改有关安全生产的规章制度，应当听取工会的意见。

【条文主旨】

本条是关于工会安全生产职责的规定。

【知识链接】

工会是职工自愿结合的工人阶级的群众组织。职工都有依法参加和组织工会的权利。维护职工合法权益是工会的基本职责。

根据《中华人民共和国工会法》，企业、事业单位违反劳动法律、法规规定不提供劳动安全卫生条件的，工会应当代表职工与企业、事业单位交涉，要求企业、事业单位采取措施予以改正；企业、事业单位应当予以研究处理，并向工会作出答复；企业、事业单位拒不改正的，工会可以请求当地人民政府依法作出处理。

工会依照国家规定对新建、扩建企业和技术改造工程中的劳动条件和安全卫生设施与主体工程同时设计、同时施工、同时投入生产和使用进行监督。对工会提出的意见，企业或者主管部门应当认真处理，并将处理结果书面通知工会。

工会发现企业违章指挥、强令职工冒险作业，或者生产过程中发现明显重大事故隐患和职业危害，有权提出解决的建议，企业应当及时研究答复；发现危及职工生命安全的情况时，工会有权向企业建议组织职工撤离危险现场，企业必须及时作出处理决定。

职工因工伤亡事故和其他严重危害职工健康问题的调查处理，必须有工会参加。工会应当向有关部门提出处理意见，并有权要求追究直接负责的主管人员和有关责任人员的责任。对工会提出的意见，企业或者主管部门应当及时研究，给予答复。

工会协助企业、事业单位、机关办好职工集体福利事业，做好工资、劳动安全卫生和社会保险工作。县级以上各级人民政府及其有关部门研究制定劳动就业、工资、劳动安全卫生、社会保险等涉及职工切身利益的政策、措施时，应当吸收同级工会参加研究，听取工会意见。

第八条 国务院和县级以上地方各级人民政府应当根据国民经济和社会发展规划制定安全生产规划，并组织实施。安全生产规划应当与国土空间规划等相关规划相衔接。

各级人民政府应当加强安全生产基础设施建设和安全生产监管能力建设，所需经费列入本级预算。

县级以上地方各级人民政府应当组织有关部门建立完善安全风险评估与论证机制，按照安全风险管控要求，进行产业规划和空间布局，并对位置相邻、行业相近、业态相似的生产经营单位实施重大安全风险联防联控。

【条文主旨】

本条是关于安全生产能力建设的规定。

【知识链接】

安全风险是指某一特定危害事件发生的可能性与其后果严重性的组合。

安全生产规划是指各级人民政府制订的比较全面的、长远的安全生产发展计划。

国土空间规划是指对国土空间开发保护在空间和时间上作出的安排，是各类开发建设保护活动的基础。

第九条　国务院和县级以上地方各级人民政府应当加强对安全生产工作的领导，建立健全安全生产工作协调机制，支持、督促各有关部门依法履行安全生产监督管理职责，及时协调、解决安全生产监督管理中存在的重大问题。

乡镇人民政府和街道办事处，以及开发区、工业园区、港区、风景区等应当明确负责安全生产监督管理的有关工作机构及其职责，加强安全生产监管力量建设，按照职责对本行政区域或者管理区域内生产经营单位安全生产状况进行监督检查，协助人民政府有关部门或者按照授权依法履行安全生产监督管理职责。

【条文主旨】

本条是关于安全生产监督管理职责的规定。

【知识链接】

本条规定了各级人民政府、乡镇人民政府和街道办事处，以及开发区、工业园区、港区、风景区等对本辖区的安全生产监督管理职责。

第十条　国务院应急管理部门依照本法，对全国安全生产工作实施综合监督管理；县级以上地方各级人民政府应急管理部门依照本法，对本行政区域内安全生产工作实施综合监督管理。

国务院交通运输、住房和城乡建设、水利、民航等有关部门依照本法和其他有关法律、行政法规的规定，在各自的职责范围内对有关行业、领域的安全生产工作实施监督管理；县级以上地方各级人民政府有关部门依照本法和其他有关法律、法规的规定，在各自的职责范围内对有关行业、领域的安全生产工作实施监督管理。对新兴行业、领域的安全生产监督管理职责不明确的，由县级以上地方各级人民政府按照业务相近的原则确定监督管理部门。

应急管理部门和对有关行业、领域的安全生产工作实施监督管理的部门，统称负有安全生产监督管理职责的部门。负有安全生产监督管理职责的部门应当相互配合、齐抓共管、信息共享、资源共用，依法加强安全生产监督管理工作。

【条文主旨】

本条是关于安全生产监督管理体制的规定。

【知识链接】

综合监督管理是指各级人民政府安全生产监督管理部门依法对同级人民政府负有安全生产监督管理职责的部门和下级人民政府安全生产工作实施指导、协调和监督检查，并承担职责范围内行业领域安全生产监督管理执法职责。

第十一条　国务院有关部门应当按照保障安全生产的要求，依法及时制定有关的国家标准或者行业标准，并根据科技进步和经济发展适时修订。

生产经营单位必须执行依法制定的保障安全生产的国家标准或者行业标准。

【条文主旨】

本条是关于安全生产标准制定和执行的规定。

【知识链接】

标准是指农业、工业、服务业以及社会事业等领域需要统一的技术要求，包括国家标准、行业标准、地方标准、团体标准和企业标准。根据《中华人民共和国标准化法》的规定，国务院标准化行政主管部门统一管理全国标准化工作，国务院有关行政主管部门分工管理本部门、本行业的标准化工作。

安全生产标准是指有关安全生产方面统一的技术、管理、方法等要求。

第十二条　国务院有关部门按照职责分工负责安全生产强制性国家标准的项目提出、组织起草、征求意见、技术审查。国务院应急管理部门统筹提出安全生产强制性国家标准的立项计划。国务院标准化行政主管部门负责安全生产强制性国家标准的立项、编号、对外通报和授权批准发布工作。国务院标准化行政主管部门、有关部门依据法定职责对安全生产强制性国家标准的实施进行监督检查。

【条文主旨】

本条是关于安全生产强制性国家标准制定和监督实施的规定。

【知识链接】

本条相比旧版为增加条款，规定了安全生产强制性国家标准的制定和监督检查，监督检查部门包括国务院标准化行政主管部门和有关部门。

对安全生产强制性国家标准的实施进行监督检查，是指对安全生产强制性国家标准的贯彻执行情况进行督促、检查和处理的活动。监督检查的方式包括主动监督、接受并处理投诉举报等，随机抽查是主动监督的重要方法。

第十三条 各级人民政府及其有关部门应当采取多种形式，加强对有关安全生产的法律、法规和安全生产知识的宣传，增强全社会的安全生产意识。

【条文主旨】

本条是关于安全生产普法和知识宣传的规定。

【知识链接】

安全生产法律、法规和知识的宣传形式，包括各级人民政府及其负有安全生产监督管理职责的部门、新闻广电及媒体单位等利用电视、报纸、广播以及互联网等开展宣传，以增强全社会的安全生产意识。

第十四条 有关协会组织依照法律、行政法规和章程，为生产经营单位提供安全生产方面的信息、培训等服务，发挥自律作用，促进生产经营单位加强安全生产管理。

【条文主旨】

本条是关于协会的安全生产职责的规定。

【知识链接】

安全生产协会组织是指在安全生产领域，由个人、生产经营单位自愿组成的行业性、非营利性的社会团体或组织。

第十五条　依法设立的为安全生产提供技术、管理服务的机构，依照法律、行政法规和执业准则，接受生产经营单位的委托为其安全生产工作提供技术、管理服务。

生产经营单位委托前款规定的机构提供安全生产技术、管理服务的，保证安全生产的责任仍由本单位负责。

【条文主旨】

本条是关于安全生产委托服务责任的规定。

【知识链接】

安全生产技术、管理服务机构一般被称为安全生产中介服务机构，是指经依法登记，为生产经营单位及其他相关主体提供安全评价、检测检验等服务，并对其作出的安全评价或检测检验结果等负责的组织。

第十六条　国家实行生产安全事故责任追究制度，依照本法和有关法律、法规的规定，追究生产安全事故责任单位和责任人员的法律责任。

【条文主旨】

本条是关于生产安全事故责任追究的规定。

【知识链接】

追究生产安全事故责任单位和责任人员的法律责任，是指依法追究包括生产经营单位及其主要负责人和其他负责人、安全生产管理人员、直接负责的主管人员和其他直接责任人，地方各级人民政府及其负有安全生产监督管理职责的部门负责人和直接责任人，安全生产技术、管理服务机构及其直接责任人、其他责任人的法律责任。

法律责任主要包括行政责任、刑事责任、民事责任。

第十七条 县级以上各级人民政府应当组织负有安全生产监督管理职责的部门依法编制安全生产权力和责任清单，公开并接受社会监督。

【条文主旨】

本条是关于安全生产权力和责任清单的制定与监督的规定。

【知识链接】

权力和责任清单是指行政机关依照法律、法规以及其他有关规定，以清单形式列明本部门行政权责及设定依据、行使主体、运行流程、责任事项、追责情形等，推进行政权力和责任依法公开，接受社会公众监督和制约的措施。

第十八条 国家鼓励和支持安全生产科学技术研究和安全生产先进技术的推广应用，提高安全生产水平。

【条文主旨】

本条是关于安全生产先进技术推广应用的规定。

【知识链接】

鼓励和支持安全生产科学研究和先进技术的推广应用，是科技兴安、保障安全生产的重要措施。

第十九条　国家对在改善安全生产条件、防止生产安全事故、参加抢险救护等方面取得显著成绩的单位和个人，给予奖励。

【条文主旨】

本条是关于安全生产奖励的规定。

【知识链接】

安全生产奖励，既有物质层面的奖励，也有精神层面的表彰。

2018年1月4日，国家安全生产监督管理总局、财政部联合修订印发了《安全生产领域举报奖励办法》（安监总财〔2018〕19号），扩大了安全生产领域举报奖励范围，提高了奖励额度，增强了奖励规范，强化了法律约束。办法指出，举报人可以通过安全生产举报投诉特服电话“12350”，或者以书信、电子邮件、传真、走访等方式举报重大事故隐患和安全生产违法行为。

第二章　生产经营单位的安全生产保障

第二十条　生产经营单位应当具备本法和有关法律、行政法规和国家标准或者行业标准规定的安全生产条件；不具备安全生产条件的，不得从事生产经营活动。

【条文主旨】

本条是关于安全生产条件的规定。

【知识链接】

安全生产条件是指生产经营单位应当具备的安全生产法律、法规、标准、规范规定的，能够满足安全生产的基础条件。

第二十一条　生产经营单位的主要负责人对本单位安全生产工作负有下列职责：

（一）建立健全并落实本单位全员安全生产责任制，加强安全生产标准化建设；

（二）组织制定并实施本单位安全生产规章制度和操作规程；

（三）组织制定并实施本单位安全生产教育和培训计划；

（四）保证本单位安全生产投入的有效实施；

（五）组织建立并落实安全风险分级管控和隐患排查治理双重预防工作机制，督促、检查本单位的安全生产工作，及时消除生产安全事故隐患；

（六）组织制定并实施本单位的生产安全事故应急救援预案；

（七）及时、如实报告生产安全事故。

【条文主旨】

本条是关于生产经营单位主要负责人的安全生产职责的规定。

【知识链接】

职责是指任职者为履行一定的组织职能或完成工作使命应负责的范围和承担的一系列工作任务，以及完成这些工作任务需承担的相应责任。

责任是指应尽的义务和应承担的过失。在法律上，所谓的责任就是对于自己的违法行为所产生的不利后果将受到相应的法律制裁。

第二十二条　生产经营单位的全员安全生产责任制应当明确各岗位的责任人员、责任范围和考核标准等内容。

生产经营单位应当建立相应的机制，加强对全员安全生产责任制落实情况的监督考核，保证全员安全生产责任制的落实。

【条文主旨】

本条是关于全员安全生产责任制的规定。

【知识链接】

全员安全生产责任制是指生产经营单位建立起安全生产工作“层层负责、人人有责、各负其责”，以及所有层级、各类岗位从业人员的安全生产责任的工作体系。

第二十三条 生产经营单位应当具备的安全生产条件所必需的资金投入，由生产经营单位的决策机构、主要负责人或者个人经营的投资人予以保证，并对由于安全生产所必需的资金投入不足导致的后果承担责任。

有关生产经营单位应当按照规定提取和使用安全生产费用，专门用于改善安全生产条件。安全生产费用在成本中据实列支。安全生产费用提取、使用和监督管理的具体办法由国务院财政部门会同国务院应急管理部门征求国务院有关部门意见后制定。

【条文主旨】

本条是关于安全生产资金的投入和使用的规定。

【知识链接】

生产经营单位的决策机构是指生产经营单位有权对重大事项进行决策的机构，如公司股东会或者董事会等。

安全生产费用是指生产经营单位按照规定标准提取，在成本中列支，专门用于完善和改进生产经营单位安全生产条件的资金。

第二十四条 矿山、金属冶炼、建筑施工、运输单位和危险物品的生产、经营、储存、装卸单位，应当设置安全生产管理机构或者配备专职安全生产管理人员。

前款规定以外的其他生产经营单位，从业人员超过一百人的，应当设置安全生产管理机构或者配备专职安全生产管理人员；从业人员在一百人以下的，应当配备专职或者兼职的安全生产管理人员。

【条文主旨】

本条是关于安全生产管理机构及人员配置的规定。

【知识链接】

危险物品是指易燃易爆物品、危险化学品、放射性物品等能够危及人身安全和财产安全的物品。

安全生产管理机构是指对安全生产工作进行管理和控制的部门，主要责任是确定安全生产责任制、安全生产管理规章制度、安全生产策划、安全生产培训教育、安全生产档案等。

安全生产管理人员是指履行安全生产管理职责，从事安全生产管理工作的专职和兼职人员。

第二十五条　生产经营单位的安全生产管理机构以及安全生产管理人员履行下列职责：

（一）组织或者参与拟订本单位安全生产规章制度、操作规程和生产安全事故应急救援预案；

（二）组织或者参与本单位安全生产教育和培训，如实记录安全生产教育和培训情况；

（三）组织开展危险源辨识和评估，督促落实本单位重大危险源的安全管理措施；

（四）组织或者参与本单位应急救援演练；

（五）检查本单位的安全生产状况，及时排查生产安全事故隐患，提出改进安全生产管理的建议；

（六）制止和纠正违章指挥、强令冒险作业、违反操作规程的行为；

（七）督促落实本单位安全生产整改措施。

生产经营单位可以设置专职安全生产分管负责人，协助本单位主要负责人履行安全生产管理职责。

【条文主旨】

本条是关于安全生产管理机构及管理人员职责的规定。

【知识链接】

本条从七个方面对生产经营单位的安全生产管理机构及安全生产管理人员应当履行的职责作出了明确规定。同时规定“生产经营单位可以设置专职安全生产分管负责人，协助本单位主要负责人履行安全生产管理职责”，以进一步完善安全生产管理体系。

第二十六条 生产经营单位的安全生产管理机构以及安全生产管理人员应当恪尽职守，依法履行职责。

生产经营单位作出涉及安全生产的经营决策，应当听取安全生产管理机构以及安全生产管理人员的意见。

生产经营单位不得因安全生产管理人员依法履行职责而降低其工资、福利等待遇或者解除与其订立的劳动合同。

危险物品的生产、储存单位以及矿山、金属冶炼单位的安全生产管理人员的任免，应当告知主管的负有安全生产监督管理职责的部门。

【条文主旨】

本条是关于安全生产管理机构及管理人员履职要求和履职保障的规定。

【知识链接】

恪尽职守是指安全生产管理人员应当充分认识自己肩负的重大职责，对工作尽职尽责，积极、主动、认真、谨慎地依法履行各项安全生产管理职责，完成各项工作任务。既不能不履行职责，对生产经营单位存在的安全生产问题不闻不问，视职责为儿戏，也不能马马虎虎，敷衍了事，使安全生产管理和现场检查流于形式。

安全生产的经营决策是指决定生产经营单位安全生产的生产经营目标和达到安全生产经营目标的战略和策略，包括安全生产资金投入计划，新建、改建、扩建建设项目计划，重大设备、设施换代更新计划，重大生产工艺流程改变计划，生产经营布局调整措施，生产经营场所、项目、设备的发包出租计划等。生产经营单位作出以上涉及生产经营活动的安全生产决策时，应当听取安全生产管理机构以及安全生产管理人员的意见。这是生产经营单位的法定义务，是加强安全生产工作从源头治理的治本之策，必须认真执行。同时，这也是法律赋予安全生产管理机构以及安全生产管理人员的权利和职责，安全生产管理机构以及安全生产管理人员应当严格按照有关安全生产法律、法规、国家标准或者行业标准等规定，积极提出相应的意见和建议。

生产经营单位应当保障安全生产管理人员履行法定职责，任何人不得侵犯安全生产管理人员依法享有的权利。如果生产经营单位因为安全生产管理人员依法行使法律规定的权利，便对该安全生产管理人员通过降低工资、福利待遇等方式，对其进行打击报复，或者因此解除与该安全生产管理人员订立的劳动合同，就是对安全生产管理人员行使正当权利的侵犯。对这类打击报复行为，法律明确规定予以禁止。

从事危险物品生产、储存以及矿山开采、金属冶炼活动，安全风险较大，极易发生生产安全事故。因此，危险物品生产、储存单位以及矿山、金属冶炼单位的安全生产管理人员的任免，应当告知主管的负有安全生产监督管理职责的部门。这里讲的告知，是一种告知性备案，仅是向主管的负有安全生产监督管理职责的部门告知，不是审批。

第二十七条 生产经营单位的主要负责人和安全生产管理人员必须具备与本单位所从事的生产经营活动相应的安全生产知识和管理能力。

危险物品的生产、经营、储存、装卸单位以及矿山、金属冶炼、建筑施工、运输单位的主要负责人和安全生产管理人员，应当由主管的负有安全生产监督管理职责的部门对其安全生产知识和管理能力考核合格。考核不得收费。

危险物品的生产、储存、装卸单位以及矿山、金属冶炼单位应当有注册安全工程师从事安全生产管理工作。鼓励其他生产经营单位聘用注册安全工程师从事安全生产管理工作。注册安全工程师按专业分类管理，具体办法由国务院人力资源和社会保障部门、国务院应急管理部门会同国务院有关部门制定。

【条文主旨】

本条是关于安全生产管理能力及注册安全工程师配备的规定。

【知识链接】

注册安全工程师是指通过职业资格考试取得国家注册安全工程师职业资格证书，经注册后从事安全生产管理、安全工程技术工作或提供安全生产专业服务的专业技术人员。

第二十八条　生产经营单位应当对从业人员进行安全生产教育和培训，保证从业人员具备必要的安全生产知识，熟悉有关的安全生产规章制度和安全操作规程，掌握本岗位的安全操作技能，了解事故应急处理措施，知悉自身在安全生产方面的权利和义务。未经安全生产教育和培训合格的从业人员，不得上岗作业。

生产经营单位使用被派遣劳动者的，应当将被派遣劳动者纳入本单位从业人员统一管理，对被派遣劳动者进行岗位安全操作规程和安全操作技能的教育和培训。劳务派遣单位应当对被派遣劳动者进行必要的安全生产教育和培训。

生产经营单位接收中等职业学校、高等学校学生实习的，应当对实习学生进行相应的安全生产教育和培训，提供必要的劳动防护用品。学校应当协助生产经营单位对实习学生进行安全生产教育和培训。

生产经营单位应当建立安全生产教育和培训档案，如实记录安全生产教育和培训的时间、内容、参加人员以及考核结果等情况。

【条文主旨】

本条是关于从业人员的安全生产教育和培训的规定。

【知识链接】

劳务派遣是指由劳务派遣机构与被派遣劳动者订立劳动合同，把劳动者派向其他用工单位，再由其用工单位向劳务派遣机构支付一笔服务费用的一种用工形式。

第二十九条 生产经营单位采用新工艺、新技术、新材料或者使用新设备，必须了解、掌握其安全技术特性，采取有效的安全防护措施，并对从业人员进行专门的安全生产教育和培训。

【条文主旨】

本条是关于新技术等安全措施及其教育和培训的规定。

【知识链接】

新工艺、新技术、新材料、新设备一般可以理解为生产经营单位首次使用的工艺、技术、材料、设备。

新工艺是指新的方法或程序。工艺是劳动者利用生产工具对各种原材料、半成品进行增值加工或处理，最终使之成为制成品的方法与过程。

新技术是指根据生产实践经验和自然科学原理而发展形成的各种新的工艺操作方法与技能，或者在原有技术上进行的改进与革新。

新材料是指新近发展或正在发展的具有优异性能的结构材料和有特殊性质的功能材料。其中，对于结构材料［如新型陶瓷材料、非晶态合金（金属玻璃）等］，主要是利用其强度、韧性、硬度、弹性等机械性能；对于功能材料，主要是利用其所具有的电、光、声、磁、热等功能和物理效应。

新设备是指生产经营单位首次使用的设备。

第三十条 生产经营单位的特种作业人员必须按照国家有关规定经专门的安全作业培训，取得相应资格，方可上岗作业。

特种作业人员的范围由国务院应急管理部门会同国务院有关

部门确定。

【条文主旨】

本条是关于特种作业人员培训的规定。

【知识链接】

特种作业是指容易发生事故，对操作者本人、他人的安全、健康及设备、设施的安全可能造成重大危害的作业。特种作业的范围由《特种作业目录》规定。

特种作业人员是指直接从事特种作业的从业人员。

第三十一条　生产经营单位新建、改建、扩建工程项目（以下统称建设项目）的安全设施，必须与主体工程同时设计、同时施工、同时投入生产和使用。安全设施投资应当纳入建设项目概算。

【条文主旨】

本条是关于建设项目安全设施“三同时”的规定。

【知识链接】

安全设施是指在生产经营活动中，将危险、有害因素控制在安全范围内，以及减少、预防和消除危害所配备的设备、设施、装置、构（建）筑物等。

新建是指从基础开始建造的建设项目。

改建是指不增加建筑物或建设项目体量，在原有基础上，对原有工程项目进行改造的建设项目。

扩建是指在原有基础上加以扩大的建设项目。

第三十二条 矿山、金属冶炼建设项目和用于生产、储存、装卸危险物品的建设项目，应当按照国家有关规定进行安全评价。

【条文主旨】

本条是关于建设项目安全评价的规定。

【知识链接】

安全评价也称为风险评价或危险评价，是指以实现安全为目的，应用安全系统工程原理和方法，辨识与分析工程、系统、生产经营活动中的危险、有害因素，预测发生事故或造成职业危害的可能性及其严重程度，提出科学、合理、可行的安全对策措施，作出评价结论。安全评价可针对一个特定的对象，也可针对一定区域范围。

安全评价按照实施阶段不同，可分为安全预评价、安全验收评价和安全现状评价三类。

第三十三条 建设项目安全设施的设计人、设计单位应当对安全设施设计负责。

矿山、金属冶炼建设项目和用于生产、储存、装卸危险物品的建设项目的安全设施设计应当按照国家有关规定报经有关部门审查，审查部门及其负责审查的人员对审查结果负责。

【条文主旨】

本条是关于建设项目安全设施设计与审查的规定。

【知识链接】

按照国家有关规定报经有关部门审查，是指安全设施设计要履行法定的行政审批或行政许可程序。《中华人民共和国行政许可法》规定，直接关系公共安全、人身健康、生命财产安全等特定活动以及重要设备、设施、产品、物品，需要按照法定的条件予以批准，以取得行政许可。

第三十四条　矿山、金属冶炼建设项目和用于生产、储存、装卸危险物品的建设项目的施工单位必须按照批准的安全设施设计施工，并对安全设施的工程质量负责。

矿山、金属冶炼建设项目和用于生产、储存、装卸危险物品的建设项目竣工投入生产或者使用前，应当由建设单位负责组织对安全设施进行验收；验收合格后，方可投入生产和使用。负有安全生产监督管理职责的部门应当加强对建设单位验收活动和验收结果的监督核查。

【条文主旨】

本条是关于特殊建设项目安全设施施工和竣工验收及其监督检查的规定。

【知识链接】

建设单位向安全生产监督管理部门申请安全设施竣工验收，应当提交的文件资料包括安全设施竣工验收申请，安全设施设计审查意见书（复印件），施工单位的资质证明文件（复印件），建设项目安全验收评价报告及其存在问题的整改确认材料，安全生产管理机构设置或者安全生产管理人员配备情况，从业人员安全培训教育及资格情况，法律、行政法规、规章规定的其他文件资料。

第三十五条 生产经营单位应当在有较大危险因素的生产经营场所和有关设施、设备上，设置明显的安全警示标志。

【条文主旨】

本条是关于安全警示标志管理的规定。

【知识链接】

危险因素是指对人造成伤亡或对物造成突发性损害的因素。

安全警示标志是指提醒人们对周围环境引起注意，以避免可能发生危险的图形标志。安全警示标志分为禁止标志、警告标志、指令标志和提示标志四类。

第三十六条 安全设备的设计、制造、安装、使用、检测、维修、改造和报废，应当符合国家标准或者行业标准。

生产经营单位必须对安全设备进行经常性维护、保养，并定期检测，保证正常运转。维护、保养、检测应当作好记录，并由有关人员签字。

生产经营单位不得关闭、破坏直接关系生产安全的监控、报警、防护、救生设备、设施，或者篡改、隐瞒、销毁其相关数据、信息。

餐饮等行业的生产经营单位使用燃气的，应当安装可燃气体报警装置，并保障其正常使用。

【条文主旨】

本条是关于安全设备管理的规定。

【知识链接】

安全设备是指在生产经营活动中，将危险、有害因素控制在安全范围内，以及减少、预防和消除危害所配备的装置和设备。

第三十七条　生产经营单位使用的危险物品的容器、运输工具，以及涉及人身安全、危险性较大的海洋石油开采特种设备和矿山井下特种设备，必须按照国家有关规定，由专业生产单位生产，并经具有专业资质的检测、检验机构检测、检验合格，取得安全使用证或者安全标志，方可投入使用。检测、检验机构对检测、检验结果负责。

【条文主旨】

本条是关于特种设备管理的规定。

【知识链接】

特种设备是指对人身和财产安全有较大危险性的锅炉、压力容器（含气瓶）、压力管道、电梯、起重机械、客运索道、大型游乐设施、场（厂）内专用机动车辆，以及法律、行政法规规定适用《中华人民共和国特种设备安全法》的其他特种设备。

特种设备依据其主要工作特点，分为承压类特种设备和机电类特种设备。

第三十八条　国家对严重危及生产安全的工艺、设备实行淘汰制度，具体目录由国务院应急管理部门会同国务院有关部门制定并公布。法律、行政法规对目录的制定另有规定的，适用其规定。

省、自治区、直辖市人民政府可以根据本地区实际情况制定并公布具体目录，对前款规定以外的危及生产安全的工艺、设备予以淘汰。

生产经营单位不得使用应当淘汰的危及生产安全的工艺、设备。

【条文主旨】

本条是关于淘汰工艺设备管理的规定。

【知识链接】

危及生产安全的工艺、设备，是指可能造成人员伤害和疾病、财产损失、作业环境破坏或其他损失的，不符合安全生产要求的工艺、设备。

第三十九条 生产、经营、运输、储存、使用危险物品或者处置废弃危险物品的，由有关主管部门依照有关法律、法规的规定和国家标准或者行业标准审批并实施监督管理。

生产经营单位生产、经营、运输、储存、使用危险物品或者处置废弃危险物品，必须执行有关法律、法规和国家标准或者行业标准，建立专门的安全管理制度，采取可靠的安全措施，接受有关主管部门依法实施的监督管理。

【条文主旨】

本条是关于危险物品管理的规定。

【知识链接】

按照《危险化学品安全管理条例》的规定，安全生产监督管理、交通运输、公安、铁路、民航、生态环境等部门分别承担危险化学品生产、储存、使用、经营、运输、处置等环节相关安全监督管理责任；在相关安全监督管理职责未明确部门的情况下，安全生产监督管理部门承担危险化学品安全综合监督管理兜底责任。

第四十条　生产经营单位对重大危险源应当登记建档，进行定期检测、评估、监控，并制定应急预案，告知从业人员和相关人员在紧急情况下应当采取的应急措施。

生产经营单位应当按照国家有关规定将本单位重大危险源及有关安全措施、应急措施报有关地方人民政府应急管理部门和有关部门备案。有关地方人民政府应急管理部门和有关部门应当通过相关信息系统实现信息共享。

【条文主旨】

本条是关于重大危险源管理的规定。

【知识链接】

危险源是指可能造成人员伤害和疾病、财产损失、作业环境破坏或其他损失的根源或状态。

重大危险源是指长期地或者临时地生产、搬运、使用或者储存危险物品，且危险物品的数量等于或者超过临界量的单元（包括场所和设施）。

第四十一条　生产经营单位应当建立安全风险分级管控制度，

按照安全风险分级采取相应的管控措施。

生产经营单位应当建立健全并落实生产安全事故隐患排查治理制度，采取技术、管理措施，及时发现并消除事故隐患。事故隐患排查治理情况应当如实记录，并通过职工大会或者职工代表大会、信息公示栏等方式向从业人员通报。其中，重大事故隐患排查治理情况应当及时向负有安全生产监督管理职责的部门和职工大会或者职工代表大会报告。

县级以上地方各级人民政府负有安全生产监督管理职责的部门应当将重大事故隐患纳入相关信息系统，建立健全重大事故隐患治理督办制度，督促生产经营单位消除重大事故隐患。

【条文主旨】

本条是关于双重预防机制的规定。

【知识链接】

双重预防机制是指构建“安全风险分级管控和隐患排查治理”双重预防机制，健全风险防范化解机制，提高安全生产水平，确保安全生产。

风险管控是指风险辨识、分析、评价、控制并持续改进的动态过程。

生产安全事故隐患一般简称事故隐患，是指生产经营单位违反安全生产法律、法规、规章、标准、规程和安全生产管理制度的规定，或者因其他因素在生产经营活动中存在可能导致事故发生的物的危险状态、人的不安全行为和管理上的缺陷。

事故隐患分为一般事故隐患和重大事故隐患。一般事故隐患是指危害和整改难度较小，发现后能够立即整改排除的隐患。重大事故隐患是指危害和整改难度较大，应当全部或者局部停产停业，并经过一定时间整改治理方能排除的隐患，或者因外部因素影响致使生产经营单位自身难以排除的隐患。

第四十二条　生产、经营、储存、使用危险物品的车间、商店、仓库不得与员工宿舍在同一座建筑物内，并应当与员工宿舍保持安全距离。

生产经营场所和员工宿舍应当设有符合紧急疏散要求、标志明显、保持畅通的出口、疏散通道。禁止占用、锁闭、封堵生产经营场所或者员工宿舍的出口、疏散通道。

【条文主旨】

本条是关于危险物品场所和员工宿舍安全要求的规定。

【知识链接】

生产、经营、使用、储存危险物品的车间、商店、仓库与员工宿舍不得在同一建筑物内。生产经营单位不得以任何理由违反上述规定，从业人员也应当提高自我保护意识，拒绝使用生产经营单位提供的违反安全要求的宿舍，并有权向有关部门检举和控告。与此同时，生产、经营、使用、储存危险物品的车间、商店、仓库与员工宿舍还应当保持安全距离。安全距离是指达到这个距离的要求，即使发生事故，也不致损害宿舍内人员的人身安全。

保证生产经营场所和员工宿舍出口及疏散通道的畅通十分重要。这一方面有利于发生生产安全事故时从业人员的撤离，减少人员伤亡；同时也有利于救援队伍及时进入事故现场，开展抢救工作，防止事故扩大，尽量减少事故造成的损失。

第四十三条 生产经营单位进行爆破、吊装、动火、临时用电以及国务院应急管理部门会同国务院有关部门规定的其他危险作业，应当安排专门人员进行现场安全管理，确保操作规程的遵守和安全措施的落实。

【条文主旨】

本条是关于危险作业现场管理的规定。

【知识链接】

危险作业是指对周围环境具有较高危险性，容易引起较大的生产安全事故的作业。

第四十四条 生产经营单位应当教育和督促从业人员严格执行本单位的安全生产规章制度和安全操作规程；并向从业人员如实告知作业场所和工作岗位存在的危险因素、防范措施以及事故应急措施。

生产经营单位应当关注从业人员的身体、心理状况和行为习惯，加强对从业人员的心理疏导、精神慰藉，严格落实岗位安全生产责任，防范从业人员行为异常导致事故发生。

【条文主旨】

本条是关于从业人员安全保障的规定。

【知识链接】

安全生产规章制度是指生产经营单位依据国家有关法律、行政法规、标准、规范，结合生产经营的安全生产实际，以生产经营单位名义颁发的有关安全生产的规范性文件，主要有规程、标准、规定、措施、办法、制度、指导意见等，包括安全生产责任制度、安全生产投入保障制度、安全生产奖惩制度、安全生产检查制度、安全生产教育和培训制度、隐患排查治理制度、危险作业管理制度、特种作业人员管理制度、劳动防护用品配备和使用制度、应急救援和事故管理制度等。

安全操作规程是指从业人员操作机器设备、调整仪器仪表和其他作业过程中，必须遵守的程序和注意事项。安全操作规程规定操作过程应该做什么，不该做什么，设施或者环境应该处于什么状态，是从业人员安全操作的行为规范。

安全操作规程是为了保障安全生产而制定的。生产经营单位根据生产性质、技术设备的特点和技术要求，结合实际给各工种从业人员制定安全操作守则，它是生产经营单位实行安全生产的一种基本文件，也是对从业人员进行安全教育的主要依据。

第四十五条　生产经营单位必须为从业人员提供符合国家标准或者行业标准的劳动防护用品，并监督、教育从业人员按照使用规则佩戴、使用。

【条文主旨】

本条是关于从业人员劳动防护保障的规定。

【知识链接】

劳动防护用品是指由生产经营单位为从业人员配备的，使其在劳动过程中免遭或者减轻事故伤害及职业危害的个人防护装备。使用劳动防护用品是保障从业人员人身安全与健康的重要措施，也是生产经营单位安全生产日常管理的重要工作内容。

第四十六条 生产经营单位的安全生产管理人员应当根据本单位的生产经营特点，对安全生产状况进行经常性检查；对检查中发现的安全问题，应当立即处理；不能处理的，应当及时报告本单位有关负责人，有关负责人应当及时处理。检查及处理情况应当如实记录在案。

生产经营单位的安全生产管理人员在检查中发现重大事故隐患，依照前款规定向本单位有关负责人报告，有关负责人不及时处理的，安全生产管理人员可以向主管的负有安全生产监督管理职责的部门报告，接到报告的部门应当依法及时处理。

【条文主旨】

本条是关于安全生产管理与事故隐患处理的规定。

【知识链接】

安全生产管理人员对安全生产状况进行经常性检查时发现问题的，应立即处理，否则危险就可能增加，造成严重后果；对于疑难复杂的问题，应及时报告本单位有关负责人，由负责人及时组织处理；在有关负责人不及时处理的情况下，有权向主管的负有安全生产监督管理职责的部门报告，接到报告的部门应当及时调查核实，依法进行处理。

第四十七条 生产经营单位应当安排用于配备劳动防护用品、进行安全生产培训的经费。

【条文主旨】

本条是关于安全生产费用提取的规定。

【知识链接】

安全生产费用应当按规定范围安排使用，不得挤占、挪用。

第四十八条　两个以上生产经营单位在同一作业区域内进行生产经营活动，可能危及对方生产安全的，应当签订安全生产管理协议，明确各自的安全生产管理职责和应当采取的安全措施，并指定专职安全生产管理人员进行安全检查与协调。

【条文主旨】

本条是关于交叉作业安全生产管理的规定。

【知识链接】

安全生产管理协议是指为保障安全生产签订的协议，主要内容有安全生产职责、权利、义务、法律责任等，包括作业现场安全交底、各方安全生产管理责任、安全生产协作和协调措施及安全防范措施等。

第四十九条　生产经营单位不得将生产经营项目、场所、设备发包或者出租给不具备安全生产条件或者相应资质的单位或者个人。

生产经营项目、场所发包或者出租给其他单位的，生产经营单位应当与承包单位、承租单位签订专门的安全生产管理协议，或者在承包合同、租赁合同中约定各自的安全生产管理职责；生产经营单位对承包单位、承租单位的安全生产工作统一协调、管理，定期进行安全检查，发现安全问题的，应当及时督促整改。

矿山、金属冶炼建设项目和用于生产、储存、装卸危险物品的建设项目的施工单位应当加强对施工项目的安全管理，不得倒卖、出租、出借、挂靠或者以其他形式非法转让施工资质，不得将其承包的全部建设工程转包给第三人或者将其承包的全部建设工程支解以后以分包的名义分别转包给第三人，不得将工程分包给不具备相应资质条件的单位。

【条文主旨】

本条是关于生产经营项目、场所、设备发包或出租的安全生产责任的规定。

【知识链接】

挂靠是指机构或组织从属或依附于另一机构或组织，全称是企业挂靠经营。

第五十条　生产经营单位发生生产安全事故时，单位的主要负责人应当立即组织抢救，并不得在事故调查处理期间擅离职守。

【条文主旨】

本条是关于生产经营单位主要负责人组织事故抢救和配合事故调查处理的规定。

【知识链接】

生产经营单位的主要负责人作为本单位的“一把手”以及安

全生产工作的第一责任人，负有在发生事故后立即组织抢救、减少事故造成损失的责任。

第五十一条　生产经营单位必须依法参加工伤保险，为从业人员缴纳保险费。

国家鼓励生产经营单位投保安全生产责任保险；属于国家规定的高危行业、领域的生产经营单位，应当投保安全生产责任保险。具体范围和实施办法由国务院应急管理部门会同国务院财政部门、国务院保险监督管理机构和相关行业主管部门制定。

【条文主旨】

本条是关于参加工伤保险和投保安全生产责任保险的规定。

【知识链接】

工伤保险是指为了保障因工作遭受事故伤害或者患职业病的从业人员获得医疗救治和经济补偿，促进工伤预防和职业康复，分散生产经营单位的工伤风险的一种社会保险制度。

安全生产责任保险是指保险机构对投保的生产经营单位发生的生产安全事故造成的人员伤亡和有关经济损失等予以赔偿，并且为投保的生产经营单位提供生产安全事故预防服务的商业保险。

第三章　从业人员的安全生产权利义务

第五十二条　生产经营单位与从业人员订立的劳动合同，应当载明有关保障从业人员劳动安全、防止职业危害的事项，以及依法为从业人员办理工伤保险的事项。

生产经营单位不得以任何形式与从业人员订立协议，免除或者减轻其对从业人员因生产安全事故伤亡依法应承担的责任。

【条文主旨】

本条是关于劳动合同的安全事项的规定。

【知识链接】

劳动合同是指从业人员与生产经营单位之间确立劳动关系，明确双方权利和义务的协议。劳动合同应当载明有关劳动安全和依法参加工伤保险的事项。

第五十三条　生产经营单位的从业人员有权了解其作业场所和工作岗位存在的危险因素、防范措施及事故应急措施，有权对本单位的安全生产工作提出建议。

【条文主旨】

本条是关于从业人员有安全生产知情权和建议权的规定。

【知识链接】

安全生产知情权是指从业人员应当享有的对关系其切身利益的信息有知晓的权利，而相关义务人有及时通知及披露的义务。

第五十四条　从业人员有权对本单位安全生产工作中存在的问题提出批评、检举、控告；有权拒绝违章指挥和强令冒险作业。

生产经营单位不得因从业人员对本单位安全生产工作提出批评、检举、控告或者拒绝违章指挥、强令冒险作业而降低其工资、福利等待遇或者解除与其订立的劳动合同。

【条文主旨】

本条是关于从业人员有安全生产批评、检举、控告权及拒绝违章指挥权的规定。

【知识链接】

强令冒险作业是指不做好防护措施，或者不排除危险因素，罔顾他人生命安全，强行命令他人违章冒险作业，可能导致重大伤亡或重大经济损失，危害公共安全的行为。

第五十五条　从业人员发现直接危及人身安全的紧急情况时，有权停止作业或者在采取可能的应急措施后撤离作业场所。

生产经营单位不得因从业人员在前款紧急情况下停止作业或者采取紧急撤离措施而降低其工资、福利等待遇或者解除与其订立的劳动合同。

【条文主旨】

本条是关于从业人员有紧急撤离权的规定。

【知识链接】

紧急撤离权是指当从业人员人身安全面临危险，而生产经营单位又未尽到保护义务时，从业人员享有停止作业、从作业场所紧急撤离的权利。

第五十六条 生产经营单位发生生产安全事故后，应当及时采取措施救治有关人员。

因生产安全事故受到损害的从业人员，除依法享有工伤保险外，依照有关民事法律尚有获得赔偿的权利的，有权提出赔偿要求。

【条文主旨】

本条是关于从业人员有工伤保险权、救治权及损害赔偿权的规定。

【知识链接】

从业人员获得工伤保险和民事赔偿的金额标准按有关法律、法规的规定执行。

第五十七条 从业人员在作业过程中，应当严格落实岗位安全责任，遵守本单位的安全生产规章制度和操作规程，服从管理，正确佩戴和使用劳动防护用品。

【条文主旨】

本条是关于从业人员有遵章守纪、服从管理的义务的规定。

【知识链接】

从业人员正确佩戴和使用劳动防护用品，保障生产安全，既是权利也是义务。

第五十八条　从业人员应当接受安全生产教育和培训，掌握本职工作所需的安全生产知识，提高安全生产技能，增强事故预防和应急处理能力。

【条文主旨】

本条是关于从业人员有接受安全生产教育和培训的义务的规定。

【知识链接】

从业人员接受安全生产教育和培训，保障生产安全，既是权利也是义务。

第五十九条　从业人员发现事故隐患或者其他不安全因素，应当立即向现场安全生产管理人员或者本单位负责人报告；接到报告的人员应当及时予以处理。

【条文主旨】

本条是关于从业人员有报告事故隐患的义务的规定。

【知识链接】

从业人员报告事故隐患以及其他不安全因素越早，越有利于采取防范和处置措施，造成事故的可能性就越小，这既有利于自身安全，也有利于生产安全。因此，无论何人何时何地发现事故隐患，都应当及时报告。

第六十条 工会有权对建设项目的安全设施与主体工程同时设计、同时施工、同时投入生产和使用进行监督，提出意见。

工会对生产经营单位违反安全生产法律、法规，侵犯从业人员合法权益的行为，有权要求纠正；发现生产经营单位违章指挥、强令冒险作业或者发现事故隐患时，有权提出解决的建议，生产经营单位应当及时研究答复；发现危及从业人员生命安全的情况时，有权向生产经营单位建议组织从业人员撤离危险场所，生产经营单位必须立即作出处理。

工会有权依法参加事故调查，向有关部门提出处理意见，并要求追究有关人员的责任。

【条文主旨】

本条是关于工会的安全生产权利义务的规定。

【知识链接】

按照《中华人民共和国工会法》《中华人民共和国劳动法》等法律的规定，工会有提出解决问题的建议权。

第六十一条 生产经营单位使用被派遣劳动者的，被派遣劳动者享有本法规定的从业人员的权利，并应当履行本法规定的从业人员的义务。

【条文主旨】

本条是关于被派遣劳动者的安全生产权利义务的规定。

【知识链接】

被派遣劳动者应当履行《安全生产法》规定的从业人员的安全生产义务，并享有与从业人员相同的安全生产权利。

第四章　安全生产的监督管理

第六十二条　县级以上地方各级人民政府应当根据本行政区域内的安全生产状况，组织有关部门按照职责分工，对本行政区域内容易发生重大生产安全事故的生产经营单位进行严格检查。

应急管理部门应当按照分类分级监督管理的要求，制定安全生产年度监督检查计划，并按照年度监督检查计划进行监督检查，发现事故隐患，应当及时处理。

【条文主旨】

本条是关于安全生产监督管理部门的规定。

【知识链接】

安全生产监督检查是指安全生产监督管理部门按照职责分工，对有关生产经营单位遵守安全生产、职业健康的法律、法规、规章以及国家标准、行业标准的情况进行监督检查，依法采取现场处理、行政强制执法、行政处罚等措施的行政执法行为。

第六十三条　负有安全生产监督管理职责的部门依照有关法律、法规的规定，对涉及安全生产的事项需要审查批准（包括批准、核准、许可、注册、认证、颁发证照等，下同）或者验收的，必须严格依照有关法律、法规和国家标准或者行业标准规定的安全生产条件和程序进行审查；不符合有关法律、法规和国家标准或者行业标准规定的安全生产条件的，不得批准或者验收通过。对未依法取得批准或者验收合格的单位擅自从事有关活动的，负责行政审批的部门发现或者接到举报后应当立即予以取缔，并依法予以处理。对已经依法取得批准的单位，负责行政审批的部门发现其不再具备安全生产条件的，应当撤销原批准。

【条文主旨】

本条是关于负有安全生产监督管理职责的部门必须依法履行审批、验收等监督管理职责的规定。

【知识链接】

安全生产行政许可是指负有安全生产监督管理职责的部门依法审查，准予生产经营单位从事直接关系人身和财产安全等特定活动的具体行政行为。

第六十四条　负有安全生产监督管理职责的部门对涉及安全生产的事项进行审查、验收，不得收取费用；不得要求接受审查、验收的单位购买其指定品牌或者指定生产、销售单位的安全设备、器材或者其他产品。

【条文主旨】

本条是关于禁止在对涉及安全生产的事项进行审查、验收时收取费用和要求被审查、验收的单位购买指定产品的规定。

【知识链接】

行政收费是指国家行政机关或者依法履行行政职能的其他组

织，为满足特别的行政支出，向与特别支出存在特定关系的行政相对人收取货币的行为。

第六十五条 应急管理部门和其他负有安全生产监督管理职责的部门依法开展安全生产行政执法工作，对生产经营单位执行有关安全生产的法律、法规和国家标准或者行业标准的情况进行监督检查，行使以下职权：

（一）进入生产经营单位进行检查，调阅有关资料，向有关单位和人员了解情况；

（二）对检查中发现的安全生产违法行为，当场予以纠正或者要求限期改正；对依法应当给予行政处罚的行为，依照本法和其他有关法律、行政法规的规定作出行政处罚决定；

（三）对检查中发现的事故隐患，应当责令立即排除；重大事故隐患排除前或者排除过程中无法保证安全的，应当责令从危险区域内撤出作业人员，责令暂时停产停业或者停止使用相关设施、设备；重大事故隐患排除后，经审查同意，方可恢复生产经营和使用；

（四）对有根据认为不符合保障安全生产的国家标准或者行业标准的设施、设备、器材以及违法生产、储存、使用、经营、运输的危险物品予以查封或者扣押，对违法生产、储存、使用、经营危险物品的作业场所予以查封，并依法作出处理决定。

监督检查不得影响被检查单位的正常生产经营活动。

【条文主旨】

本条是关于监督检查部门的职权的规定。

【知识链接】

安全生产行政执法是指负有安全生产监督管理职责的部门依法履行安全生产监督管理职责的活动。

第六十六条　生产经营单位对负有安全生产监督管理职责的部门的监督检查人员（以下统称安全生产监督检查人员）依法履行监督检查职责，应当予以配合，不得拒绝、阻挠。

【条文主旨】

本条是关于生产经营单位必须配合安全生产监督检查人员履行监督检查职责的规定。

【知识链接】

生产经营单位应当配合安全生产监督检查人员进入相关场所实施现场检查，为安全生产监督检查人员依法履行职责提供便利条件，满足安全生产监督检查人员依法提出的调阅有关资料、检查有关设施设备、向生产经营单位负责人或有关人员了解情况等检查职权范围内的合法要求。

第六十七条　安全生产监督检查人员应当忠于职守，坚持原则，秉公执法。

安全生产监督检查人员执行监督检查任务时，必须出示有效的行政执法证件；对涉及被检查单位的技术秘密和业务秘密，应当为其保密。

【条文主旨】

本条是关于安全生产监督检查人员执法行为的规定。

【知识链接】

行政执法证件是指行政机关或执法组织的执法人员开展执法活动时出示的有效身份证件。

第六十八条 安全生产监督检查人员应当将检查的时间、地点、内容、发现的问题及其处理情况，作出书面记录，并由检查人员和被检查单位的负责人签字；被检查单位的负责人拒绝签字的，检查人员应当将情况记录在案，并向负有安全生产监督管理职责的部门报告。

【条文主旨】

本条是关于安全生产检查记录的规定。

【知识链接】

行政执法记录是确保行政执法活动合法有效的重要保证。行政执法机关通过文字、音像等记录形式，对行政执法的启动、调查取证、审核决定、送达执行等全部过程进行记录，并全面系统归档保存，便于做到执法全过程留痕及可追溯。

为了保证检查记录的准确性和有效性，有关人员都应当在检查记录中签字。

第六十九条 负有安全生产监督管理职责的部门在监督检查中，应当互相配合，实行联合检查；确需分别进行检查的，应当互通情况，发现存在的安全问题应当由其他有关部门进行处理的，应当及时移送其他有关部门并形成记录备查，接受移送的部门应当及时进行处理。

【条文主旨】

本条是关于负有安全生产监督管理职责的部门在监督检查中应相互配合的规定。

【知识链接】

联合行政执法是指两个或两个以上的行政执法机关，按照各自的职责范围，在实施行政执法时进行的联合行动。联合行政执法遵循依法办事、统一指挥、联合行动、各司其职、各负其责的原则。

安全生产案件移送是指将安全生产执法过程中发现的违法案件按程序移交给有管辖权的行政机关或司法机关的行为。

第七十条　负有安全生产监督管理职责的部门依法对存在重大事故隐患的生产经营单位作出停产停业、停止施工、停止使用相关设施或者设备的决定，生产经营单位应当依法执行，及时消除事故隐患。生产经营单位拒不执行，有发生生产安全事故的现实危险的，在保证安全的前提下，经本部门主要负责人批准，负有安全生产监督管理职责的部门可以采取通知有关单位停止供电、停止供应民用爆炸物品等措施，强制生产经营单位履行决定。通知应当采用书面形式，有关单位应当予以配合。

负有安全生产监督管理职责的部门依照前款规定采取停止供电措施，除有危及生产安全的紧急情形外，应当提前二十四小时通知生产经营单位。生产经营单位依法履行行政决定、采取相应措施消除事故隐患的，负有安全生产监督管理职责的部门应当及时解除前款规定的措施。

【条文主旨】

本条是关于对存在重大事故隐患的生产经营单位采取行政强制措施的规定。

【知识链接】

行政强制措施是指行政机关在行政管理过程中，为制止违法行为、防止证据损毁、避免危害发生、控制危险扩大等情形，依法对公民的人身自由实施暂时性限制，或者对公民、法人或者其他组织的财物实施暂时性控制的行为。

第七十一条 监察机关依照监察法的规定，对负有安全生产监督管理职责的部门及其工作人员履行安全生产监督管理职责实施监察。

【条文主旨】

本条是关于安全监察的规定。

【知识链接】

监察机关是行使国家监察职能的专责机关，对所有行使公权力的国家公职人员的工作进行监督、检查和处置。

第七十二条 承担安全评价、认证、检测、检验职责的机构应当具备国家规定的资质条件，并对其作出的安全评价、认证、检测、检验结果的合法性、真实性负责。资质条件由国务院应急管理部门会同国务院有关部门制定。

承担安全评价、认证、检测、检验职责的机构应当建立并实施服务公开和报告公开制度，不得租借资质、挂靠、出具虚假报告。

【条文主旨】

本条是关于承担安全评价、认证、检测、检验职责的机构应具备的资质条件及其责任的规定。

【知识链接】

承担安全评价、认证、检测、检验等工作的机构，是指向社会开放的，接受生产经营单位或者负有安全生产监督管理职责的部门等的委托，对有关的安全生产条件、安全产品、安全设备等进行技术性评价、技术性检验、安全认证等服务，并出具相关报告的机构。

第七十三条　负有安全生产监督管理职责的部门应当建立举报制度，公开举报电话、信箱或者电子邮件地址等网络举报平台，受理有关安全生产的举报；受理的举报事项经调查核实后，应当形成书面材料；需要落实整改措施的，报经有关负责人签字并督促落实。对不属于本部门职责，需要由其他有关部门进行调查处理的，转交其他有关部门处理。

涉及人员死亡的举报事项，应当由县级以上人民政府组织核查处理。

【条文主旨】

本条是关于安全生产事项举报的规定。

【知识链接】

安全生产事项举报是指单位或者个人向负有安全生产监督管理职责的部门反映情况，指出生产经营单位存在事故隐患、安全生产非法违法行为以及不报、迟报、谎报、瞒报生产安全事故等举报投诉事项的行为。

第七十四条 任何单位或者个人对事故隐患或者安全生产违法行为，均有权向负有安全生产监督管理职责的部门报告或者举报。

因安全生产违法行为造成重大事故隐患或者导致重大事故，致使国家利益或者社会公共利益受到侵害的，人民检察院可以根据民事诉讼法、行政诉讼法的相关规定提起公益诉讼。

【条文主旨】

本条是关于事故隐患或者安全生产违法行为的举报权及安全生产领域公益诉讼的规定。

【知识链接】

公益诉讼是指单位或者个人发现污染环境、侵害众多消费者合法权益等损害国家利益或者社会公共利益时，向人民法院提起诉讼的行为。

人民检察院在履行职责中发现破坏生态环境和资源保护、食品药品安全领域侵害众多消费者合法权益等损害社会公共利益的行为，可以向人民法院提起诉讼，这也属于公益诉讼。

第七十五条　居民委员会、村民委员会发现其所在区域内的生产经营单位存在事故隐患或者安全生产违法行为时，应当向当地人民政府或者有关部门报告。

【条文主旨】

本条是关于居民委员会、村民委员会在安全生产方面应履行的报告义务的规定。

【知识链接】

居民委员会、村民委员会作为基层群众性自治组织，有权有义务对事故隐患或者安全生产违法行为进行举报。

第七十六条　县级以上各级人民政府及其有关部门对报告重大事故隐患或者举报安全生产违法行为的有功人员，给予奖励。具体奖励办法由国务院应急管理部门会同国务院财政部门制定。

【条文主旨】

本条是关于安全生产举报奖励的规定。

【知识链接】

对报告重大事故隐患或者举报安全生产违法行为的有功人员，给予奖励，是预防生产安全事故的有力措施。

第七十七条　新闻、出版、广播、电影、电视等单位有进行安全生产公益宣传教育的义务，有对违反安全生产法律、法规的行为进行舆论监督的权利。

【条文主旨】

本条是关于安全生产公益宣传教育和舆论监督的规定。

【知识链接】

安全生产公益宣传教育具有一定的公益属性，对政府及其负有安全生产监督管理职责的部门提出的安全生产公益宣传教育任务，新闻、出版、广播、电影、电视等单位应当积极配合，并且原则上不应当收取费用。

第七十八条 负有安全生产监督管理职责的部门应当建立安全生产违法行为信息库，如实记录生产经营单位及其有关从业人员的安全生产违法行为信息；对违法行为情节严重的生产经营单位及其有关从业人员，应当及时向社会公告，并通报行业主管部门、投资主管部门、自然资源主管部门、生态环境主管部门、证券监督管理机构以及有关金融机构。有关部门和机构应当对存在失信行为的生产经营单位及其有关从业人员采取加大执法检查频次、暂停项目审批、上调有关保险费率、行业或者职业禁入等联合惩戒措施，并向社会公示。

负有安全生产监督管理职责的部门应当加强对生产经营单位行政处罚信息的及时归集、共享、应用和公开，对生产经营单位作出处罚决定后七个工作日内在监督管理部门公示系统予以公开曝光，强化对违法失信生产经营单位及其有关从业人员的社会监督，提高全社会安全生产诚信水平。

【条文主旨】

本条是关于安全生产失信联合惩戒的规定。

【知识链接】

安全生产失信联合惩戒措施包括经济惩戒措施、行政强制措施和舆论监督措施，是提高生产经营单位安全生产诚信水平，依法生产经营，有效预防生产安全事故，保障人民生命财产安全的有力措施。

第五章　生产安全事故的应急救援与调查处理

第七十九条　国家加强生产安全事故应急能力建设，在重点行业、领域建立应急救援基地和应急救援队伍，并由国家安全生产应急救援机构统一协调指挥；鼓励生产经营单位和其他社会力量建立应急救援队伍，配备相应的应急救援装备和物资，提高应急救援的专业化水平。

国务院应急管理部门牵头建立全国统一的生产安全事故应急救援信息系统，国务院交通运输、住房和城乡建设、水利、民航等有关部门和县级以上地方人民政府建立健全相关行业、领域、地区的生产安全事故应急救援信息系统，实现互联互通、信息共享，通过推行网上安全信息采集、安全监管和监测预警，提升监管的精准化、智能化水平。

【条文主旨】

本条是关于应急能力建设的规定。

【知识链接】

国家加强生产安全事故应急能力建设，构建统一指挥、专常兼备、反应灵敏、上下联动的应急管理体制，是有效降低事故损失，保障人民群众生命和财产安全的有力措施。

(2) 抢险救援组的职能及职责如下：

①抢救现场伤员；

②抢救现场物资；

③组建现场消防队；

④保证现场救援通道的畅通。

(3) 危险源风险评估组的职能和职责如下：

①对生产经营单位生产现场以及生产安全过程的危险源进行科学的风险评估；

②指导生产安全部门安全措施落实和监控工作，减少和避免事故发生；

③完善危险源的风险评估资料信息，为应急评估提供科学、合理、准确的依据；

④落实生产经营单位外部的应急救援组织和机构的联络方式，为应急救援提供及时的支援措施；

⑤针对各种可能发生的事故，确定应急救援现场指挥中心位置，以使应急救援行动及时启动；

⑥科学合理地制订应急救援物资器材、人力计划。

第八十一条 生产经营单位应当制定本单位生产安全事故应急救援预案，与所在地县级以上地方人民政府组织制定的生产安全事故应急救援预案相衔接，并定期组织演练。

【条文主旨】

本条是关于生产经营单位应急救援预案制定与演练的规定。

第八十条　县级以上地方各级人民政府应当组织有关部门制定本行政区域内生产安全事故应急救援预案，建立应急救援体系。

乡镇人民政府和街道办事处，以及开发区、工业园区、港区、风景区等应当制定相应的生产安全事故应急救援预案，协助人民政府有关部门或者按照授权依法履行生产安全事故应急救援工作职责。

【条文主旨】

本条是关于人民政府等单位在应急救援预案制定和实施及应急救援体系建设方面职责的规定。

【知识链接】

应急救援预案是指针对可能发生的事故，为迅速、有序地开展应急救援行动而预先制定的行动方案。

（1）应急救援预案总指挥的职能及职责如下：

①分析紧急状态，确定相应警报级别，根据相关危险类型、潜在后果、现有资源，确定紧急情况的行动类型；

②启动、指挥、协调应急救援行动；

③与生产经营单位外部的应急救援人员、部门、组织和机构进行联络；

④直接监察应急救援人员行动；

⑤最大限度地保障现场人员和外援人员及相关人员的安全；

⑥协调后勤方面以支援应急救援行动；

⑦应急评估，确定升高或降低应急警报级别；

⑧通报外部机构，决定请求外部援助；

⑨决定应急撤离，确定事故现场外影响区域的安全性。

【知识链接】

《生产安全事故应急预案管理办法》（应急管理部令第2号）规定，生产经营单位应急预案分为综合应急预案、专项应急预案和现场处置方案。

综合应急预案是指生产经营单位为应对各种生产安全事故而制定的综合性工作方案，是本单位应对生产安全事故的总体工作程序、措施和应急预案体系的总纲。

专项应急预案是指生产经营单位为应对某一种或者多种类型生产安全事故，或者针对重要生产设施、重大危险源、重大活动，防止生产安全事故而制定的专项性工作方案。

现场处置方案是指生产经营单位根据不同生产安全事故类型，针对具体场所、装置或者设施所制定的应急处置措施。

第八十二条　危险物品的生产、经营、储存单位以及矿山、金属冶炼、城市轨道交通运营、建筑施工单位应当建立应急救援组织；生产经营规模较小的，可以不建立应急救援组织，但应当指定兼职的应急救援人员。

危险物品的生产、经营、储存、运输单位以及矿山、金属冶炼、城市轨道交通运营、建筑施工单位应当配备必要的应急救援器材、设备和物资，并进行经常性维护、保养，保证正常运转。

【条文主旨】

本条是关于高危行业的生产经营单位应急救援义务的规定。

【知识链接】

应急准备是指为有效应对突发事件而事先采取的各种措施的

总称，包括意识、组织、机制、预案、队伍、资源、培训演练等各种准备。

第八十三条　生产经营单位发生生产安全事故后，事故现场有关人员应当立即报告本单位负责人。

单位负责人接到事故报告后，应当迅速采取有效措施，组织抢救，防止事故扩大，减少人员伤亡和财产损失，并按照国家有关规定立即如实报告当地负有安全生产监督管理职责的部门，不得隐瞒不报、谎报或者迟报，不得故意破坏事故现场、毁灭有关证据。

【条文主旨】

本条是关于生产经营单位对生产安全事故报告和组织抢救义务的规定。

【知识链接】

（1）事故报告时间及内容。《生产安全事故报告和调查处理条例》（国务院令第493号）规定，单位负责人接到报告后，应当于1小时内向事故发生地县级以上人民政府安全生产监督管理部门和负有安全生产监督管理职责的有关部门报告。

报告事故应当包括下列内容：①事故发生单位概况；②事故发生的时间、地点以及事故现场情况；③事故的简要经过；④事故已经造成或者可能造成的伤亡人数（包括下落不明的人数）和初步估计的直接经济损失；⑤已经采取的措施；⑥其他应当报告的情况。

（2）迟报、漏报、谎报、瞒报的认定。根据《生产安全事故罚款处罚规定（试行）》（2007 年 7 月 12 日国家安全监管总局令第 13 号公布，根据 2011 年 9 月 1 日国家安全监管总局令第 42 号第一次修正，根据 2015 年 4 月 2 日国家安全监管总局令第二次修正）的规定，迟报、漏报、谎报和瞒报，依照下列情形认定：

①报告事故的时间超过规定时限的，属于迟报。

②因过失对应当上报的事故或者事故发生的时间、地点、类别、伤亡人数、直接经济损失等内容遗漏未报的，属于漏报。

③故意不如实报告事故发生的时间、地点、初步原因、性质、伤亡人数和涉险人数、直接经济损失等有关内容的，属于谎报。

④隐瞒已经发生的事故，超过规定时限未向安全监管监察部门和有关部门报告，经查证属实的，属于瞒报。

第八十四条　负有安全生产监督管理职责的部门接到事故报告后，应当立即按照国家有关规定上报事故情况。负有安全生产监督管理职责的部门和有关地方人民政府对事故情况不得隐瞒不报、谎报或者迟报。

【条文主旨】

本条是关于负有安全生产监督管理职责的部门对生产安全事故报告的规定。

【知识链接】

《生产安全事故报告和调查处理条例》（国务院令第 493 号）规定，安全生产监督管理部门和负有安全生产监督管理职责的有关部门逐级上报事故情况，每级上报的时间不得超过 2 小时。

瞒报是指故意隐瞒已经发生的事故不报告的情形。

谎报是指故意不如实报告事故发生时间、地点、伤亡人数、初步估计的直接经济损失等内容的情形。

迟报是指报告事故的时间超过《生产安全事故报告和调查处理条例》规定的时限的情形。

第八十五条　有关地方人民政府和负有安全生产监督管理职责的部门的负责人接到生产安全事故报告后，应当按照生产安全事故应急救援预案的要求立即赶到事故现场，组织事故抢救。

参与事故抢救的部门和单位应当服从统一指挥，加强协同联动，采取有效的应急救援措施，并根据事故救援的需要采取警戒、疏散等措施，防止事故扩大和次生灾害的发生，减少人员伤亡和财产损失。

事故抢救过程中应当采取必要措施，避免或者减少对环境造成的危害。

任何单位和个人都应当支持、配合事故抢救，并提供一切便利条件。

【条文主旨】

本条是关于事故抢救的规定。

【知识链接】

发生生产安全事故后，有关地方人民政府应当设立应急救援指挥部，并指定总指挥。应急救援指挥部由本级人民政府及其有关部门负责人、应急救援专家、应急救援队伍负责人、事故发生单位负责人等人员组成。

第八十六条　事故调查处理应当按照科学严谨、依法依规、实事求是、注重实效的原则，及时、准确地查清事故原因，查明事故性质和责任，评估应急处置工作，总结事故教训，提出整改措施，并对事故责任单位和人员提出处理建议。事故调查报告应当依法及时向社会公布。事故调查和处理的具体办法由国务院制定。

事故发生单位应当及时全面落实整改措施，负有安全生产监督管理职责的部门应当加强监督检查。

负责事故调查处理的国务院有关部门和地方人民政府应当在批复事故调查报告后一年内，组织有关部门对事故整改和防范措施落实情况进行评估，并及时向社会公开评估结果；对不履行职责导致事故整改和防范措施没有落实的有关单位和人员，应当按照有关规定追究责任。

【条文主旨】

本条是关于事故调查处理的规定。

【知识链接】

科学严谨是指查清事故原因，查明事故性质和责任，评估应急处置工作，总结事故教训，提出整改措施，对事故责任者提出处理建议要建立在科学的基础上，认真仔细，严肃谨慎。

依法依规是指在事故调查处理过程中坚持以事实为根据，以法律为准绳，按照法定程序，依法严格规范地秉公处理。

实事求是是指在事故调查处理过程中，全面听取意见，一切从实际出发，探求事故的内部联系及其发展的规律性，认识事故的本质，客观公正地调查处理事故，不得凭空想象，不得感情用事，不得弄虚作假。

注重实效是指事故调查处理应当严格按照“四不放过”原则，即事故原因不查清不放过，防范措施不落实不放过，职工群众未受到教育不放过，事故责任者未受到处理不放过。及时、准确地查清事故经过、事故原因和事故损失，查明事故性质，认定事故责任，总结事故教训，提出整改措施，并对事故责任者依法追究责任。

第八十七条 生产经营单位发生生产安全事故，经调查确定为责任事故的，除了应当查明事故单位的责任并依法予以追究外，还应当查明对安全生产的有关事项负有审查批准和监督职责的行政部门的责任，对有失职、渎职行为的，依照本法第九十条的规定追究法律责任。

【条文主旨】

本条是关于事故责任追究的规定。

【知识链接】

依法追究对审查批准和监督有失职、渎职行为的行政部门的法律责任，体现了权责一致的原则。

第八十八条 任何单位和个人不得阻挠和干涉对事故的依法调查处理。

【条文主旨】

本条是关于配合事故调查处理的规定。

【知识链接】

生产经营单位及个人积极配合事故调查处理是其法定义务，应当认真履行该义务，不得拒绝、隐瞒或提供虚假证据或资料。

第八十九条　县级以上地方各级人民政府应急管理部门应当定期统计分析本行政区域内发生生产安全事故的情况，并定期向社会公布。

【条文主旨】

本条是关于事故的定期统计分析与公布的规定。

【知识链接】

生产安全事故的定期统计分析与公布，有利于总结事故教训，发现事故规律，科学预测安全生产发展趋势，为安全生产提供科学决策依据，有效预防生产安全事故的发生。

第六章　法律责任

第九十条　负有安全生产监督管理职责的部门的工作人员，有下列行为之一的，给予降级或者撤职的处分；构成犯罪的，依照刑法有关规定追究刑事责任：

（一）对不符合法定安全生产条件的涉及安全生产的事项予以批准或者验收通过的；

（二）发现未依法取得批准、验收的单位擅自从事有关活动或者接到举报后不予取缔或者不依法予以处理的；

（三）对已经依法取得批准的单位不履行监督管理职责，发现其不再具备安全生产条件而不撤销原批准或者发现安全生产违法行为不予查处的；

（四）在监督检查中发现重大事故隐患，不依法及时处理的。

负有安全生产监督管理职责的部门的工作人员有前款规定以外的滥用职权、玩忽职守、徇私舞弊行为的，依法给予处分；构成犯罪的，依照刑法有关规定追究刑事责任。

【条文主旨】

本条是关于负有安全生产监督管理职责的部门的工作人员未依法履行监管职责的法律责任的规定。

【知识链接】

滥用职权罪是指国家机关工作人员故意逾越职权，不按或违反法律决定、处理其无权决定、处理的事项，或者违反规定处理公务，致使侵吞公共财产、国家和人民遭受重大财产损失等行为。

玩忽职守罪是指国家机关工作人员严重不负责任，不履行或者不认真履行职责，致使公共财产、国家和人民利益遭受重大损失的行为。

第九十一条　负有安全生产监督管理职责的部门，要求被审查、验收的单位购买其指定的安全设备、器材或者其他产品的，在对安全生产事项的审查、验收中收取费用的，由其上级机关或者监察机关责令改正，责令退还收取的费用；情节严重的，对直接负责的主管人员和其他直接责任人员依法给予处分。

【条文主旨】

本条是关于负有安全生产监督管理职责的部门违反规定指定购买产品、收取费用的法律责任的规定。

【知识链接】

《中华人民共和国监察法》第四十六条规定，监察机关经调查，对违法取得的财物，依法予以没收、追缴或者责令退赔；对涉嫌犯罪取得的财物，应当随案移送人民检察院。

情节严重，是指在审查、验收中多次要求被审查、验收的单位购买其指定的安全设备、器材或者其他产品；在审查、验收中多次收取费用，且数额较大，社会影响较大等。

第九十二条　承担安全评价、认证、检测、检验职责的机构出具失实报告的，责令停业整顿，并处三万元以上十万元以下的罚款；给他人造成损害的，依法承担赔偿责任。

承担安全评价、认证、检测、检验职责的机构租借资质、挂靠、出具虚假报告的，没收违法所得；违法所得在十万元以上的，并处违法所得二倍以上五倍以下的罚款，没有违法所得或者违法所得不足十万元的，单处或者并处十万元以上二十万元以下的罚款；对其直接负责的主管人员和其他直接责任人员处五万元以上十万元以下的罚款；给他人造成损害的，与生产经营单位承担连带赔偿责任；构成犯罪的，依照刑法有关规定追究刑事责任。

对有前款违法行为的机构及其直接责任人员，吊销其相应资质和资格，五年内不得从事安全评价、认证、检测、检验等工作；情节严重的，实行终身行业和职业禁入。

【条文主旨】

本条是关于承担安全评价、认证、检测、检验职责的机构及其直接责任人员的法律责任的规定。

【知识链接】

出具虚假报告，是指出具的报告认证结论或数据与实际不符的情形。

没收违法所得，是指行政机关或司法机关运用国家法律、法规赋予的强制措施，依法将违法行为人取得的违法所得财物的所有权予以强制性剥夺的处罚方式。

行业和职业禁入，是指依法禁止违法行为人在一定期限内从事生产经营活动或担任相关职务的监督管理措施。

第九十三条 生产经营单位的决策机构、主要负责人或者个人经营的投资人不依照本法规定保证安全生产所必需的资金投入，致使生产经营单位不具备安全生产条件的，责令限期改正，提供必需的资金；逾期未改正的，责令生产经营单位停产停业整顿。

有前款违法行为，导致发生生产安全事故的，对生产经营单位的主要负责人给予撤职处分，对个人经营的投资人处二万元以上二十万元以下的罚款；构成犯罪的，依照刑法有关规定追究刑事责任。

【条文主旨】

本条是关于生产经营单位未保证安全生产所必需的资金投入的法律责任的规定。

【知识链接】

责令停产停业，是指行政机关要求从事违法生产经营活动的公民、法人或其他组织停止生产、停止经营的处罚形式。

第九十四条　生产经营单位的主要负责人未履行本法规定的安全生产管理职责的，责令限期改正，处二万元以上五万元以下的罚款；逾期未改正的，处五万元以上十万元以下的罚款，责令生产经营单位停产停业整顿。

生产经营单位的主要负责人有前款违法行为，导致发生生产安全事故的，给予撤职处分；构成犯罪的，依照刑法有关规定追究刑事责任。

生产经营单位的主要负责人依照前款规定受刑事处罚或者撤职处分的，自刑罚执行完毕或者受处分之日起，五年内不得担任任何生产经营单位的主要负责人；对重大、特别重大生产安全事故负有责任的，终身不得担任本行业生产经营单位的主要负责人。

【条文主旨】

本条是关于生产经营单位主要负责人未履行安全生产管理职责的法律责任的规定。

【知识链接】

刑罚执行完毕，是指判决书确定的刑期执行完毕。

第九十五条 生产经营单位的主要负责人未履行本法规定的安全生产管理职责，导致发生生产安全事故的，由应急管理部门依照下列规定处以罚款：

（一）发生一般事故的，处上一年年收入百分之四十的罚款；

（二）发生较大事故的，处上一年年收入百分之六十的罚款；

（三）发生重大事故的，处上一年年收入百分之八十的罚款；

（四）发生特别重大事故的，处上一年年收入百分之一百的罚款。

【条文主旨】

本条是关于发生生产安全事故时，对生产经营单位主要负责人罚款的规定。

【知识链接】

《生产安全事故罚款处罚规定（试行）》规定，事故发生单位主要负责人、直接负责的主管人员和其他直接责任人员的上一年年收入，属于国有生产经营单位的，是指该单位上级主管部门所确定的上一年年收入总额；属于非国有生产经营单位的，是指经财务、税务部门核定的上一年年收入总额。

生产经营单位提供虚假资料或者由于财务、税务部门无法核定等原因致使有关人员的上一年年收入难以确定的，按照下列办法确定：

(1) 主要负责人的上一年年收入，按照本省、自治区、直辖市上一年度职工平均工资的5倍以上10倍以下计算；

(2) 直接负责的主管人员和其他直接责任人员的上一年年收入，按照本省、自治区、直辖市上一年度职工平均工资的1倍以上5倍以下计算。

第九十六条　生产经营单位的其他负责人和安全生产管理人员未履行本法规定的安全生产管理职责的，责令限期改正，处一万元以上三万元以下的罚款；导致发生生产安全事故的，暂停或者吊销其与安全生产有关的资格，并处上一年年收入百分之二十以上百分之五十以下的罚款；构成犯罪的，依照刑法有关规定追究刑事责任。

【条文主旨】

本条是关于生产经营单位其他负责人和安全生产管理人员未履行安全生产管理职责的法律责任的规定。

【知识链接】

生产经营单位的安全生产管理机构和安全生产管理人员应履行7项职责，主要如下：

(1) 组织或者参与拟订本单位安全生产规章制度、操作规程和生产安全事故应急救援预案；

(2) 组织或者参与本单位安全生产教育和培训，如实记录安全生产教育和培训情况；

(3) 组织开展危险源辨识和评估，督促落实本单位重大危险源的安全生产管理措施；

(4) 组织或者参与本单位应急救援演练；

(5) 检查本单位的安全生产状况，及时排查生产安全事故隐患，提出改进安全生产管理的建议；

(6) 制止和纠正违章指挥、强令冒险作业、违反操作规程的行为；

(7) 督促落实本单位安全生产整改措施。

第九十七条 生产经营单位有下列行为之一的，责令限期改正，处十万元以下的罚款；逾期未改正的，责令停产停业整顿，并处十万元以上二十万元以下的罚款，对其直接负责的主管人员和其他直接责任人员处二万元以上五万元以下的罚款：

(一) 未按照规定设置安全生产管理机构或者配备安全生产管理人员、注册安全工程师的；

(二) 危险物品的生产、经营、储存、装卸单位以及矿山、金属冶炼、建筑施工、运输单位的主要负责人和安全生产管理人员未按照规定经考核合格的；

(三) 未按照规定对从业人员、被派遣劳动者、实习学生进行安全生产教育和培训，或者未按照规定如实告知有关的安全生产事项的；

(四) 未如实记录安全生产教育和培训情况的；

(五) 未将事故隐患排查治理情况如实记录或者未向从业人员通报的；

（六）未按照规定制定生产安全事故应急救援预案或者未定期组织演练的；

（七）特种作业人员未按照规定经专门的安全作业培训并取得相应资格，上岗作业的。

【条文主旨】

本条是关于生产经营单位及相关人员未履行安全生产主体责任的法律责任的规定。

【知识链接】

生产经营单位是安全生产的责任主体，应当遵守有关安全生产法律、法规、国家标准和行业标准的规定，建立、健全安全生产责任制和安全生产规章制度，改善安全生产条件，加强安全生产管理，提高安全生产水平，并对未履行安全生产主体责任导致的后果负责。

第九十八条　生产经营单位有下列行为之一的，责令停止建设或者停产停业整顿，限期改正，并处十万元以上五十万元以下的罚款，对其直接负责的主管人员和其他直接责任人员处二万元以上五万元以下的罚款；逾期未改正的，处五十万元以上一百万元以下的罚款，对其直接负责的主管人员和其他直接责任人员处五万元以上十万元以下的罚款；构成犯罪的，依照刑法有关规定追究刑事责任：

（一）未按照规定对矿山、金属冶炼建设项目或者用于生产、储存、装卸危险物品的建设项目进行安全评价的；

（二）矿山、金属冶炼建设项目或者用于生产、储存、装卸危险物品的建设项目没有安全设施设计或者安全设施设计未按照规定报经有关部门审查同意的；

（三）矿山、金属冶炼建设项目或者用于生产、储存、装卸危险物品的建设项目的施工单位未按照批准的安全设施设计施工的；

（四）矿山、金属冶炼建设项目或者用于生产、储存、装卸危险物品的建设项目竣工投入生产或者使用前，安全设施未经验收合格的。

【条文主旨】

本条是关于生产经营单位未履行建设项目有关规定的法律责任的规定。

【知识链接】

按照《建设项目安全设施“三同时”监督管理办法》的规定，建设项目安全设施是指生产经营单位在生产经营活动中用于预防生产安全事故的设备、设施、装置、构（建）筑物和其他技术措施的总称。生产经营单位新建、改建、扩建工程项目的安全设施，必须与主体工程同时设计、同时施工、同时投入生产和使用。

第九十九条 生产经营单位有下列行为之一的，责令限期改正，处五万元以下的罚款；逾期未改正的，处五万元以上二十万元以下的罚款，对其直接负责的主管人员和其他直接责任人员处一万元以上二万元以下的罚款；情节严重的，责令停产停业整顿；构成犯罪的，依照刑法有关规定追究刑事责任：

（一）未在有较大危险因素的生产经营场所和有关设施、设备上设置明显的安全警示标志的；

（二）安全设备的安装、使用、检测、改造和报废不符合国家标准或者行业标准的；

（三）未对安全设备进行经常性维护、保养和定期检测的；

（四）关闭、破坏直接关系生产安全的监控、报警、防护、救生设备、设施，或者篡改、隐瞒、销毁其相关数据、信息的；

（五）未为从业人员提供符合国家标准或者行业标准的劳动防护用品的；

（六）危险物品的容器、运输工具，以及涉及人身安全、危险性较大的海洋石油开采特种设备和矿山井下特种设备未经具有专业资质的机构检测、检验合格，取得安全使用证或者安全标志，投入使用的；

（七）使用应当淘汰的危及生产安全的工艺、设备的；

（八）餐饮等行业的生产经营单位使用燃气未安装可燃气体报警装置的。

【条文主旨】

本条是关于生产经营单位未履行设备设施有关规定的法律责任的规定。

【知识链接】

生产经营单位应当按照规定对设备设施进行管理，确保其安全运行和使用。

第一百条　未经依法批准，擅自生产、经营、运输、储存、使用危险物品或者处置废弃危险物品的，依照有关危险物品安全管理的法律、行政法规的规定予以处罚；构成犯罪的，依照刑法有关规定追究刑事责任。

【条文主旨】

本条是关于未履行危险物品报批规定的法律责任的规定。

【知识链接】

依据《危险化学品安全管理条例》《危险废物经营许可证管理办法》，对违反危险物品规定的违法行为进行处理。构成犯罪的，依法追究刑事责任。

第一百零一条 生产经营单位有下列行为之一的，责令限期改正，处十万元以下的罚款；逾期未改正的，责令停产停业整顿，并处十万元以上二十万元以下的罚款，对其直接负责的主管人员和其他直接责任人员处二万元以上五万元以下的罚款；构成犯罪的，依照刑法有关规定追究刑事责任：

（一）生产、经营、运输、储存、使用危险物品或者处置废弃危险物品，未建立专门安全管理制度、未采取可靠的安全措施的；

（二）对重大危险源未登记建档，未进行定期检测、评估、监控，未制定应急预案，或者未告知应急措施的；

（三）进行爆破、吊装、动火、临时用电以及国务院应急管理部门会同国务院有关部门规定的其他危险作业，未安排专门人员进行现场安全管理的；

（四）未建立安全风险分级管控制度或者未按照安全风险分级采取相应管控措施的；

（五）未建立事故隐患排查治理制度，或者重大事故隐患排查治理情况未按照规定报告的。

【条文主旨】

本条是关于生产经营单位未履行危险物品管理、重大危险源管理、危险作业安全管理、安全风险分级管控及事故隐患排查治理职责的法律责任的规定。

【知识链接】

本条旨在督促生产经营单位加强对危险物品、重大危险源、危险作业、安全风险分级管控、事故隐患排查治理的管理，有效预防生产安全事故的发生。

第一百零二条　生产经营单位未采取措施消除事故隐患的，责令立即消除或者限期消除，处五万元以下的罚款；生产经营单位拒不执行的，责令停产停业整顿，对其直接负责的主管人员和其他直接责任人员处五万元以上十万元以下的罚款；构成犯罪的，依照刑法有关规定追究刑事责任。

【条文主旨】

本条是关于生产经营单位未消除事故隐患的法律责任的规定。

【知识链接】

构成犯罪的，依照刑法有关规定追究刑事责任，是指生产经营单位拒不执行消除事故隐患指令，有发生重大伤亡事故现实危险的情形，涉嫌构成危险作业罪。

第一百零三条　生产经营单位将生产经营项目、场所、设备发包或者出租给不具备安全生产条件或者相应资质的单位或者个人的，责令限期改正，没收违法所得；违法所得十万元以上的，并处违法所得二倍以上五倍以下的罚款；没有违法所得或者违法所得不足十万元的，单处或者并处十万元以上二十万元以下的罚款；对其直接负责的主管人员和其他直接责任人员处一万元以上二万元以下的罚款；导致发生生产安全事故给他人造成损害的，与承包方、承租方承担连带赔偿责任。

生产经营单位未与承包单位、承租单位签订专门的安全生产管理协议或者未在承包合同、租赁合同中明确各自的安全生产管理职责，或者未对承包单位、承租单位的安全生产统一协调、管理的，责令限期改正，处五万元以下的罚款，对其直接负责的主管人员和其他直接责任人员处一万元以下的罚款；逾期未改正的，责令停产停业整顿。

矿山、金属冶炼建设项目和用于生产、储存、装卸危险物品的建设项目的施工单位未按照规定对施工项目进行安全管理的，责令限期改正，处十万元以下的罚款，对其直接负责的主管人员和其他直接责任人员处二万元以下的罚款；逾期未改正的，责令停产停业整顿。以上施工单位倒卖、出租、出借、挂靠或者以其他形式非法转让施工资质的，责令停产停业整顿，吊销资质证书，没收违法所得；违法所得十万元以上的，并处违法所得二倍以上五倍以下的罚款，没有违法所得或者违法所得不足十万元的，单处或者并处十万元以上二十万元以下的罚款；对其直接负责的主管人员和其他直接责任人员处五万元以上十万元以下的罚款；构成犯罪的，依照刑法有关规定追究刑事责任。

【条文主旨】

本条是关于生产经营单位未履行发包、出租规定的法律责任的规定。

【知识链接】

违法发包、出租，是导致事故发生的重要原因之一，因此，行为人必须承担相应的法律责任。

第一百零四条　两个以上生产经营单位在同一作业区域内进行可能危及对方安全生产的生产经营活动，未签订安全生产管理协议或者未指定专职安全生产管理人员进行安全检查与协调的，责令限期改正，处五万元以下的罚款，对其直接负责的主管人员和其他直接责任人员处一万元以下的罚款；逾期未改正的，责令停产停业。

【条文主旨】

本条是关于未履行交叉作业规定的法律责任的规定。

【知识链接】

严格履行交叉作业法律规定，加强作业现场的安全生产管理，是预防生产安全事故的重要措施。

第一百零五条　生产经营单位有下列行为之一的，责令限期改正，处五万元以下的罚款，对其直接负责的主管人员和其他直接责任人员处一万元以下的罚款；逾期未改正的，责令停产停业整顿；构成犯罪的，依照刑法有关规定追究刑事责任：

（一）生产、经营、储存、使用危险物品的车间、商店、仓库与员工宿舍在同一座建筑内，或者与员工宿舍的距离不符合安全要求的；

（二）生产经营场所和员工宿舍未设有符合紧急疏散需要、标志明显、保持畅通的出口、疏散通道，或者占用、锁闭、封堵生产经营场所或者员工宿舍出口、疏散通道的。

【条文主旨】

本条是关于生产经营单位未履行危险物品场所、员工宿舍有关规定的法律责任的规定。

【知识链接】

严格履行危险物品场所、员工宿舍安全管理的法律规定，是预防生产安全事故，保护从业人员生命安全的重要措施。

第一百零六条　生产经营单位与从业人员订立协议，免除或者减轻其对从业人员因生产安全事故伤亡依法应承担的责任的，该协议无效；对生产经营单位的主要负责人、个人经营的投资人处二万元以上十万元以下的罚款。

【条文主旨】

本条是关于生产经营单位订立安全生产免责协议的法律责任的规定。

【知识链接】

无效劳动合同是指对当事人不发生法律约束力的劳动合同。《中华人民共和国劳动合同法》第二十六条规定的无效或者部分无效的劳动合同，是指以欺诈、胁迫的手段或者乘人之危，使对方在违背真实意思的情况下订立或者变更劳动合同的；用人单位免除自己的法定责任、排除劳动者权利的；违反法律、行政法规强制性规定的。

无效劳动合同，从订立的时候起就没有法律约束力，如果给对方造成了损害，应当依照法律规定承担赔偿责任。

第一百零七条　生产经营单位的从业人员不落实岗位安全责任，不服从管理，违反安全生产规章制度或者操作规程的，由生产经营单位给予批评教育，依照有关规章制度给予处分；构成犯罪的，依照刑法有关规定追究刑事责任。

【条文主旨】

本条是关于从业人员违法违规的法律责任的规定。

【知识链接】

从业人员在生产作业过程中，应当严格遵守本单位的安全生产规章制度和操作规程，服从管理，正确佩戴和使用劳动防护用品。

第一百零八条　违反本法规定，生产经营单位拒绝、阻碍负有安全生产监督管理职责的部门依法实施监督检查的，责令改正；拒不改正的，处二万元以上二十万元以下的罚款；对其直接负责的主管人员和其他直接责任人员处一万元以上二万元以下的罚款；构成犯罪的，依照刑法有关规定追究刑事责任。

【条文主旨】

本条是关于生产经营单位拒绝、阻碍安全生产监督检查的法律责任的规定。

【知识链接】

妨碍执行公务是指以暴力、威胁或者其他方法，故意阻碍执法工作人员依法履行职责的行为。

第一百零九条　高危行业、领域的生产经营单位未按照国家规定投保安全生产责任保险的，责令限期改正，处五万元以上十万元以下的罚款；逾期未改正的，处十万元以上二十万元以下的罚款。

【条文主旨】

本条是关于高危行业、领域的生产经营单位未投保安全生产责任保险的法律责任的规定。

【知识链接】

未按照规定投保安全生产责任保险的情况包括：生产经营单位应当投保安全生产责任保险，但未按规定投保或续保的；生产经营单位将保费以各种形式摊派给从业人员个人的；生产经营单位对保险机构开展事故预防服务不予配合的，对发现的事故隐患和问题拒不整改的。

第一百一十条　生产经营单位的主要负责人在本单位发生生产安全事故时，不立即组织抢救或者在事故调查处理期间擅离职守或者逃匿的，给予降级、撤职的处分，并由应急管理部门处上一年年收入百分之六十至百分之一百的罚款；对逃匿的处十五日以下拘留；构成犯罪的，依照刑法有关规定追究刑事责任。

生产经营单位的主要负责人对生产安全事故隐瞒不报、谎报或者迟报的，依照前款规定处罚。

【条文主旨】

本条是关于生产经营单位主要负责人未履行事故抢救及报告职责的法律责任的规定。

【知识链接】

不立即组织抢救是指客观上能够组织抢救，而不立即组织抢救的行为，不包括客观上不能立即组织抢救的情形。

擅离职守是指未经许可擅自离开自己的工作岗位，不能尽守自己职责的行为。

第一百一十一条　有关地方人民政府、负有安全生产监督管理职责的部门，对生产安全事故隐瞒不报、谎报或者迟报的，对直接负责的主管人员和其他直接责任人员依法给予处分；构成犯罪的，依照刑法有关规定追究刑事责任。

【条文主旨】

本条是关于地方人民政府、负有安全生产监督管理职责的部门瞒报、谎报、迟报事故的法律责任的规定。

【知识链接】

政府部门接到事故报告应当根据《生产安全事故报告和调查处理条例》的规定及时、准确地逐级上报事故。不能拖延不报，更不能漏报、谎报或者瞒报。

第一百一十二条 生产经营单位违反本法规定，被责令改正且受到罚款处罚，拒不改正的，负有安全生产监督管理职责的部门可以自作出责令改正之日的次日起，按照原处罚数额按日连续处罚。

【条文主旨】

本条是关于生产经营单位拒不改正违法行为的法律责任的规定。

【知识链接】

按日连续处罚时计罚日数自责令改正违法行为决定书送达之日的次日起计算，至主管部门复查发现违法行为之日止。再次复查仍拒不改正的，计罚日数累计执行。

按日连续处罚次数不受限制。按日连续处罚每日的罚款数额，为原处罚决定书确定的罚款数额。按照按日连续处罚规则决定的罚款数额，为原处罚决定书确定的罚款数额乘以计罚日数。

第一百一十三条 生产经营单位存在下列情形之一的，负有安全生产监督管理职责的部门应当提请地方人民政府予以关闭，有关部门应当依法吊销其有关证照。生产经营单位主要负责人五年内不得担任任何生产经营单位的主要负责人；情节严重的，终身不得担任本行业生产经营单位的主要负责人：

（一）存在重大事故隐患，一百八十日内三次或者一年内四次受到本法规定的行政处罚的；

（二）经停产停业整顿，仍不具备法律、行政法规和国家标准或者行业标准规定的安全生产条件的；

（三）不具备法律、行政法规和国家标准或者行业标准规定的安全生产条件，导致发生重大、特别重大生产安全事故的；

（四）拒不执行负有安全生产监督管理职责的部门作出的停产停业整顿决定的。

【条文主旨】

本条是关于生产经营单位严重恶意违法的法律责任的规定。

【知识链接】

关闭是指政府部门依法强制生产经营单位永久停止生产经营活动的处罚措施。

吊销有关证照是指吊销营业执照、生产许可证等所有行政许可证照。

第一百一十四条　发生生产安全事故，对负有责任的生产经营单位除要求其依法承担相应的赔偿等责任外，由应急管理部门依照下列规定处以罚款：

（一）发生一般事故的，处三十万元以上一百万元以下的罚款；

（二）发生较大事故的，处一百万元以上二百万元以下的罚款；

（三）发生重大事故的，处二百万元以上一千万元以下的罚款；

（四）发生特别重大事故的，处一千万元以上二千万元以下的罚款。

发生生产安全事故，情节特别严重、影响特别恶劣的，应急管理部门可以按照前款罚款数额的二倍以上五倍以下对负有责任的生产经营单位处以罚款。

【条文主旨】

本条是关于发生生产安全事故的生产经营单位的法律责任的规定。

【知识链接】

负有责任的生产经营单位，是指因没有履行安全生产保障义务，导致发生生产安全事故，依法应承担相应法律责任的生产经营单位。

第一百一十五条 本法规定的行政处罚，由应急管理部门和其他负有安全生产监督管理职责的部门按照职责分工决定；其中，根据本法第九十五条、第一百一十条、第一百一十四条的规定应当给予民航、铁路、电力行业的生产经营单位及其主要负责人行政处罚的，也可以由主管的负有安全生产监督管理职责的部门进行处罚。予以关闭的行政处罚，由负有安全生产监督管理职责的部门报请县级以上人民政府按照国务院规定的权限决定；给予拘留的行政处罚，由公安机关依照治安管理处罚的规定决定。

【条文主旨】

本条是关于行政处罚权的规定。

【知识链接】

行政处罚是指行政主体依照法定职权和程序对违反行政法规

范，尚未构成犯罪的相对人给予行政制裁的具体行政行为。

第一百一十六条　生产经营单位发生生产安全事故造成人员伤亡、他人财产损失的，应当依法承担赔偿责任；拒不承担或者其负责人逃匿的，由人民法院依法强制执行。

生产安全事故的责任人未依法承担赔偿责任，经人民法院依法采取执行措施后，仍不能对受害人给予足额赔偿的，应当继续履行赔偿义务；受害人发现责任人有其他财产的，可以随时请求人民法院执行。

【条文主旨】

本条是关于事故赔偿的法律责任的规定。

【知识链接】

无过错责任是指行为人对自己的行为及其所造成的损害在主观上没有过错（故意或过失）的情况下所应当承担的法律责任。

第七章　附　　则

第一百一十七条　本法下列用语的含义：

危险物品，是指易燃易爆物品、危险化学品、放射性物品等能够危及人身安全和财产安全的物品。

重大危险源，是指长期地或者临时地生产、搬运、使用或者储存危险物品，且危险物品的数量等于或者超过临界量的单元（包括场所和设施）。

【条文主旨】

本条是关于《安全生产法》用语含义的规定。

【知识链接】

单元是指涉及危险化学品的生产、储存装置、设施或场所。

第一百一十八条　本法规定的生产安全一般事故、较大事故、重大事故、特别重大事故的划分标准由国务院规定。

国务院应急管理部门和其他负有安全生产监督管理职责的部门应当根据各自的职责分工，制定相关行业、领域重大危险源的辨识标准和重大事故隐患的判定标准。

【条文主旨】

本条是关于事故等级、事故隐患标准的规定。

【知识链接】

《生产安全事故报告和调查处理条例》规定，生产安全事故一般分为：

（1）特别重大事故，是指造成30人以上死亡，或者100人以上重伤（包括急性工业中毒，下同），或者1亿元以上直接经济损失的事故；

（2）重大事故，是指造成10人以上30人以下死亡，或者50人以上100人以下重伤，或者5 000万元以上1亿元以下直接经济损失的事故；

（3）较大事故，是指造成3人以上10人以下死亡，或者10人以上50人以下重伤，或者1 000万元以上5 000万元以下直接经济损失的事故；

（4）一般事故，是指造成3人以下死亡，或者10人以下重伤，或者1 000万元以下直接经济损失的事故。

“以上”包括本数，“以下”不包括本数。

第一百一十九条　本法自2002年11月1日起施行。

【条文主旨】

本条是关于《安全生产法》开始施行时间的规定。

【知识链接】

《安全生产法》于2002年6月29日第九届全国人民代表大会

常务委员会第二十八次会议通过，自 2002 年 11 月 1 日起开始施行，至今已经过 3 次修正。本次修正《关于修改〈中华人民共和国安全生产法〉的决定》于 2021 年 6 月 10 日第十三届全国人民代表大会常务委员会第二十九次会议通过，自 2021 年 9 月 1 日起施行。